学汉语分级读物

⑤

Zhèngguó de Gùshi

郑国的故事

第3级

历史故事

陈贤纯 编著

北京语言大学出版社
BEIJING LANGUAGE AND CULTURE UNIVERSITY PRESS

图书在版编目（CIP）数据

郑国的故事 / 陈贤纯编著 . — 北京 : 北京语言大学出版社，2017.11
（学汉语分级读物 . 第 3 级：历史故事）
ISBN 978-7-5619-5069-2

Ⅰ. ①郑… Ⅱ. ①陈… Ⅲ. ①汉语－对外汉语教学－语言读物 Ⅳ. ① H195.5

中国版本图书馆 CIP 数据核字（2017）第 268205 号

郑国的故事
ZHENGGUO DE GUSHI

责任编辑：王　轩　张　莹　　封面制作：西吉文化
插图绘制：北京冰河插画工作室　西吉文化
排版制作：北京创艺涵文化发展有限公司
责任印制：周　燚

出版发行：北京语言大学出版社
社　　址：北京市海淀区学院路 15 号，100083
网　　址：www.blcup.com
电子信箱：service@blcup.com
电　　话：编 辑 部　8610-82303647/3592/3395
　　　　　国内发行　8610-82303650/3591/3648
　　　　　海外发行　8610-82303365/3080/3668
　　　　　北语书店　8610-82303653
　　　　　网购咨询　8610-82303908
印　　刷：北京京华虎彩印刷有限公司

版　　次：2017 年 11 月第 1 版
印　　次：2017 年 11 月第 1 次印刷
开　　本：850 毫米 ×1168 毫米　1/32　　印　　张：3.625
字　　数：55 千字　　定　　价：29.00 元

PRINTED IN CHINA

编写说明

这是什么书?

这是为学汉语的人写的课外读物，有民间故事、文学故事、历史故事 3 个部分，一共有 50 本。

谁读这些书呢?

第一，学汉语的外国人。第二，生活在海外的华人子女。第三，中国国内学汉语的少数民族学生，甚至包括中国的小学生。

这些书有意思吗? 难不难?

1. 这些书讲的故事很有意思，有很多中国文化的内容。你们在学习汉语的同时，也能了解中国文化。

2. 故事很容易懂。

我们把这些书分为 3 个等级：

级别	内容	册数	汉字量
第 1 级	民间故事	10 本	500 字
第 2 级	文学故事	20 本	800 字
第 3 级	历史故事	20 本	1200 字

第 1 级是最容易的，10 本书都是中国的民间故事。只要认识 500 个最常用的字，不用查词典，就能轻松读懂这 10 本书。

第 2 级有 20 本书，都是中国古代最有名的小说里的故事，认识 800 个汉字的人可以读懂。小说本来是很难的，可是我们讲得很简单，很容易懂。

第3级也有20本，认识1200个汉字的人可以读懂。这里讲的历史故事发生在2000多年前的中国。为什么给你们看过去的故事？因为文化是从过去来的，看看2000多年前的故事，才能真正知道中国人现在为什么这样想，为什么这样做。

每一本书都只有很少的字比较难，这些字有拼音，有插图，有说明，可以帮助你们读懂。

3. 每一本书都只有2～3万字，很快就可以读完一本，阅读会成为一件轻松、快乐的事。

4. 这套书一共有50本，很多，内容很丰富。读完这50本书，你们不但能了解中国文化，而且再也不会觉得中文难读懂了。

怎么样？快打开书，读一读这些有意思的故事吧！

关于历史故事

跟民间故事和文学故事不同，历史故事是真实的历史，是以前发生过的事。

这 20 本历史故事，选自公元前 770 年到公元前 202 年的历史。以《左传》《史记》《国语》《战国策》等历史记载为根据，只在细节上有一些连接和想象。

中国的历史很长，故事很多，为什么只选这一段时间？

这一段时间，正是春秋战国到秦朝末年。这是一个乱世，乱世故事多。

这一段时间也是中华民族文化大发展的时候。

中国文化的很多思想来自这个时期，很多故事来自这个时期，很多成语来自这个时期。

这个时期是中华文化的源头。

要了解中国，必须了解中国文化。

要了解中国文化，就不能不了解春秋战国时期的历史。

历史故事每一本书都有一个编号，编号是根据时间的先后决定的，年代更远的在前面，年代较近的在后面。读者可以根据编号的先后阅读。

故事简介

郑国在现在河南省中部，国家不大，处在其他几个诸侯国的包围中。

郑武公有两个儿子，大儿子寤生出生时难产，因此母亲很不喜欢他。寤生 13 岁时当了国君，他就是郑庄公。郑庄公是一个很有智慧的军事家、政治家，他有很多故事。

郑庄公死后，郑国开始衰落。郑国夹在大国之间，经常受气。直到子产执政的时候，老百姓的日子才好过了一些。

目　录

桓公东迁

公元前806年，周宣（xuān）王把他的小弟弟姬友封为伯爵，封地在郑。

当时的郑，在现在陕西华县以东，地方不大。但是那个地方离周朝的首都镐（hào）京比较近。

姬友就是郑国的第一个国君（jūn）——郑桓（huán）公。

郑桓公对他领地的百姓很好，所以百姓都拥护他。

公元前781年，周宣王死了，周幽（yōu）王即位。因为郑桓公是周幽王的叔叔，所以周幽王就让他当了司徒（sītú），这个官掌管全国的土地。

周幽王是一个非常坏的国君，他对人民非常不好，整天跟美人在一起，不管国家的事。（见本丛书《秦国的故事》）

当时首都附近地区发生了大地震，同时很久没有下雨了，旱（hàn）情很严重，民众纷纷逃亡（wáng）。西北的游牧民族戎（róng）人，趁机进入周王室的领地。

国家处在危险之中，姬友和大臣们一再劝告周幽

东迁 dōng qiān 向东转移。东，向东；迁，移动，转移。
伯爵 bójué 贵族的等级，第三级。
拥护 yōnghù 对领导人等表示赞成并全力支持。
地震 dìzhèn 大地忽然动起来，房子倒了。
游牧民族 yóumù mínzú 在草原上以放牛、放羊为生的民族。

王，希望他尽心管理国家。可是他们的话一点儿用也没有，周幽王不听。

眼看着国家一天不如一天，而西边的戎人越来越强大，危险是明摆着的。这样下去，国家一定会灭亡。

郑桓公是个有远见的人，他非常担心周朝的前途。他知道自己的力量太小，没有能力改变周幽王，虽然有心报国，可是无力回天。

既然救不了国家，那么就救自己，救救自己的子孙吧，为他们找一个能够藏身的地方。如果不早点儿想办法，到时候一定会家破人亡。

姬友有一个朋友，是太史伯阳父。太史，是管历史的官。这个人非常有智慧。

“您看周王室的江山还有多长时间？”姬友向他请教。

太史长叹（tàn）一声，说：“当今天子杀害好人，相信小人，国家已经很危险了！”

郑桓公点点头，说：“国家要乱了，我怕危及自己。请问，怎么才能逃过死亡呢？”

太史说：“离开是非之地，找一个安身之所。”

郑桓公问道：“到哪里去比较合适？”

太史说：“有一个地方可以去，那就是洛（luò）阳东面，黄河南面。”

智慧　zhìhuì　认识世界，知道是非善恶的能力。

“可那是东虢（guó）国和郐（kuài）国的地方，我怎么挤得进去呢？”

“这两国国君都不是好人，百姓们不喜欢他们。您是司徒，又是天子的叔父，大家都很爱戴您，只要您说向他们借地，他们不敢不借。日子一长，东虢、郐两国的百姓都会成为您的老百姓啊！”

太史的意思很明白：日子一长，你灭了那两国，就成了那里的主人。郑桓公当然听懂了。可是再一想，觉得那地方地势平平的，易攻难守，是个没有军事优势的地方，子孙恐怕不容易安身。

郑桓公虽然有点儿犹豫。可是想来想去，去南方也不行，南方有楚国，他们扩张的势头正强。去西边呢？西边那一带的人更喜欢争斗，不能久居。

最后，郑桓公接受了太史的建议（yì），派大儿子掘（jué）突（tū）带着很多财宝（cáibǎo），去见东虢国和郐国的国君，向他们借地。

东虢国和郐国的国君都是既贪财又没有远见的家伙，见到那么多财宝，非常高兴。心里想：反正很多地方没人住，地都荒着呢，借给你就借给你，没什么。于是他们各拿出了五个城给郑桓公。

公元前774年，郑桓公把郑国的财产、部族，连

犹豫　yóuyù　不知道应该不应该做，拿不定主意，不能决定。

同商人、百姓等，所有能搬的东西都搬到了东虢国和郐国之间。他称那个地方为新郑（现在河南省新郑一带）。

同时，郑桓公跟周幽王打了招呼。

周幽王那时候一心想讨好王后，自己的烦心事很多，哪里有心思管这种闲事呢？于是说道："你爱搬哪儿就搬哪儿吧，批准。"

这样，郑桓公东迁就是经过周王批准的了。

过了三年，公元前771年，西部的少数民族戎人果然来进攻镐京。周幽王自己的军队很少，于是点烽（fēng）火让诸侯来救。由于周幽王以前曾经点烽火戏弄过诸侯，所以诸侯们以为周幽王这次又在戏弄他们，他们不再上当，不来了。（见本丛书《秦国的故事》）

结果戎人攻破了镐京城。周幽王被杀死在骊（lí）山脚下，郑桓公也战死了。

后来戎人被赶走了，周幽王的大儿子当了周王，他就是周平王。郑桓公的大儿子掘突当了郑国国君，他就是郑武公。

打招呼 dǎ zhāohu 事前或事后告诉对方一声。

诸侯 zhūhóu 古代帝王统治下的各国君主的统称。这里指周朝下面的小国国君。

戏弄 xìnòng 拿别人开玩笑。

镐京被破坏得太厉害了，已经很难重建。再说，戎人可能再来。于是周平王把首都搬到了东面的洛邑（yì），就是现在的洛阳。历史上称这以后的周朝为东周。

郑武公因为保护平王东迁首都有功，跟父亲一样当了司徒。郑国建立了新的都城，并建起了高大结实的城墙。

后来，郑武公灭掉了东虢、郐两国，又灭掉了胡国，确定了郑国的国界，定首都为新郑。从此以后，就把国家安在那儿了。

郑国在现在河南省北半部中间那一块地方，面积不大，只能算是一个小国，而且没有再扩展的可能了，因为它的西边是周王室的地方洛邑，东边是宋（sòng）国，南边是楚国，北边是黄河，黄河以北是晋（jìn）国。这些地方它都拿不下。

一个小国正好处在中原的中心，于是就成了一个容易受攻击的地方。当初郑桓公的担心不是没有道理的，后来郑国真的常常处在战争之中，不得安宁（níng）。郑国不断地受到晋国和楚国两个大国的侵略和欺负。

不过，郑武公是一位好国君。他在位27年，做了

侵略　qīnlüè　把军队派到别国去，占领别国的领土。

很多有利于民众的事情，还解放了商奴（nú）。

周朝灭掉商朝之后，商朝人被定为奴隶。“商人”多数是有技术、会经商的能人，这是一支很重要的力量，郑武公为强国提出了解放“商人”。他跟商人们说好，政府保证商人们的利益，而商人们也要支持政府。

郑国支持商人跟大多数国家和地区做生意，所以郑国是当时商业和手工业最发达的国家。

政府鼓励百姓开发荒地，发展农业，大家好好过日子。这样，农业和工商业都发展起来了，经济渐渐地发展，原来东虢国和郐国的民众都归顺了郑国。

郑国于是兴建乡校，教化民众，广集民意。

后来郑武公把都城搬到了新郑。他娶了申（shēn）侯的小女儿为夫人，历史上称她为武姜（jiāng）。几年之后，武姜生了第一个孩子，是个男孩儿。

据说，她生这个孩子时难产，孩子是脚先出来的，而正常情况下应该是头先生出来。第一次生孩子就受到了惊吓，所以，武姜很不喜欢这个儿子，认为这个孩子不吉（jí）利，给他起名叫寤（wù）生。

奴隶　núlì　没有人身自由的人。
归顺　guīshùn　不再跟敌人对抗，愿意当对方的老百姓。
娶　qǔ　男子结婚为娶，女子结婚为嫁。

又过了三年，武姜生了第二个孩子，也是个男孩儿。这一次生得很顺利，孩子是头先生出来的。小儿子名字叫作段。因为是老二，所以人们叫他“叔段”。

武姜不喜欢大儿子，她看着大儿子觉得不顺眼，常常骂他。她喜欢小儿子，小儿子是她的心头肉，什么好东西都留给小儿子。

武姜觉得国君是最好的东西，因此就想把郑国国君的位子给小儿子。她多次向郑武公请求，要让叔段继承国君的位子，可是郑武公就是不答应。

寤生知道母亲不喜欢自己，不管他怎么做都会挨骂。虽然他不明白这是为什么，可是他没有说什么，只是默（mò）默地忍着，他从小就知道忍。

公元前744年，郑武公生病了，病得很厉害，眼看活不了几天了。武姜坐在郑武公的床头，说：“我看寤生这孩子不行，是不是让段来接你的班？”

郑武公说：“不行，祖宗的规定是长子接班，不能坏了祖宗的规定。”

不久，郑武公死了，他的大儿子寤生当了国君。武姜非常不高兴，她一心想让小儿子当国君。怎么能把最好的东西给大儿子呢？

祖宗 zǔzong 一个家族的上辈，多指较早的。

兄弟之争

寤生就是历史上有名的郑庄公。

当时他只有13岁，他的弟弟叔段10岁。

13岁还是一个小孩儿，就当了国君，其实很多事是不懂的。幸好有祭（zhài）足和公子吕（lǚ）等大臣帮助，国家还能跟以前一样。

祭足是郑国最聪明的人，公子吕是寤生的亲叔叔。

寤生虽然从小被母亲骂作笨蛋，可是实际上他并不笨。不但不笨，相反，他很聪明，很有智慧，不是一般人能比的。

其实，寤生跟段的关系很好，两兄弟从来不吵架，寤生总是照顾弟弟，让着弟弟。段也不明白母亲为什么老是骂哥哥。

唉（ài），本来一家人可以和和气气地过日子，就因为武姜不明事理，结果搞得家里鸡飞狗跳。

寤生刚当上国君，母亲就去找他，说："你当国君了，可是你弟弟什么也没有，你是不是应该给你弟弟封一个好一点儿的地方呢？"

武姜不再骂寤生笨蛋了，因为他已经当了国君。

"母亲，您说得对，您说吧，给他什么地方？"寤生其实是一个很孝顺的孩子，不管母亲说什么，他都顺着。

孝顺 xiàoshùn 对父母好，听父母的话。

“把制（zhì）邑给你弟弟吧。”武姜说。

制邑在哪儿？在荥（xíng）阳以北，又叫虎牢（láo）关，是周平王奖励给郑武公的。这是一个军事上很重要的地方。

“母亲，这个地方不行。父亲临死前说过，制邑是国家的要冲，不能封给任何人，我不敢违背父亲的话。除了制邑，别的地方都行。”这个13岁的孩子其实很有主意。

“那就京城吧。”武姜说。

京城在哪里？就是现在荥阳的京襄（xiāng）城，当初从陕西搬过来时的国都。除了现在的国都新郑，京城就是最大的城了。

武姜为了要让段今后能跟寤生对抗，当然挑最大最重要的地方给段。

寤生很不愿意把京城给段。可是既然母亲开口了，他就不能不答应，他不愿意让母亲生气。

第二天，郑庄公向大臣们宣布，把京城封给弟弟叔段。

结果大臣们全都反对。

祭足说：“先王的制度规定，大的城邑的城墙不能

违背　wéibèi　没有按照要求做。
宣布　xuānbù　公开告诉大家。

超过国都的三分之一，要是超过三百丈，就对国家有害。京城的城墙不合制度，你不怕以后有麻烦吗？”

祭足的话代表了大家的意见。

郑庄公说：“我母亲要把京城给段，我有什么办法？”

“你母亲哪有满足的时候？不如给叔段换一个小一点儿的地方，省得他以后发展强大了，你拿他没办法。”祭足说。

这时候郑庄公说了一句话：“多行不义，必自毙（bì），子姑待之。”

什么意思？

“不义”是指不合道义的事，或者说坏事。“毙”现在的意思是“死”，这里的意思是“跌倒”。

这句话的意思是：不义的事情做得太多了，自己一定会跌倒，你等着看吧。

这句话后来成了一句名言，常常被人们引用。“必自毙”的意义转变为“必然自取灭亡”。

因为历史上很多事情一再证明，确实是这样的因果关系，所以，这句话很有道理。

一个13岁的孩子，能说出这样的话来，真是不简单。这说明，寤生小小年纪其实心里什么都明白。

京城封给叔段了，按规定他应该去京城，不能再住在都城新郑了。虽然他只有10岁，也必须去。

武姜是太后，必须住在国都，不可以跟小儿子一起去。

叔段刚刚10岁，从来没有离开过母亲，他不愿意一个人去别的地方。他也不知道为什么一定要离开母亲。武姜也舍不得小儿子，但是为了以后能让小儿子当国君，武姜狠（hěn）狠心，把他送走了。

当然，叔段不是一个人去京城的，他身边有仆（pú）人、老师，还有卫队等一大堆人。

叔段走了，武姜很想念儿子。时间长了心情越来越坏，因此变得很古怪，常常没有原因地发脾气，打骂宫女。

郑庄公不敢去安慰她，虽然他很想讨好母亲，接近母亲。可是他知道母亲发脾气的原因。要是让母亲看见自己，她一定会更烦，脾气更坏。

郑庄公常常派人给弟弟送去很多好东西。可是武姜还是越来越讨厌自己的大儿子。

武姜想念小儿子的时候，就给他写信，派专人送去。信中除了说想念叔段以外，当然是骂大儿子寤生。说他怎么怎么讨厌，怎么怎么让自己生气，等等。

叔段本来跟哥哥的关系不错，也挺想念哥哥的。

安慰　ānwèi　劝告，使她心情好一点儿。
讨厌　tǎoyàn　很不喜欢。

可是看母亲的信看多了，就开始恨哥哥，怪他为什么对母亲这么不好。

他下决心，以后要杀回新郑去，把母亲救出来。

这样一年又一年过去，叔段渐渐地长大了。在母亲的影响下，他已经非常痛恨哥哥。他相信哥哥对母亲很不好，罪（zuì）该万死。

武姜在信里教叔段要准备粮草，训（xùn）练军队，将来进攻国都，她会做内应。

叔段开始有所动作，首先他要扩展自己的封地。他把京城附近的两个城抢了过来。他要试试他这样做，哥哥会有什么反应。

全郑国的人都知道叔段把两个城抢走了，可是郑庄公没有反应，就像不知道一样。

当然，郑庄公不是不知道，他是在忍。

可是，大臣们都忍不住了。公子吕，也就是郑庄公的叔叔，去找他，说："国家现在有两个领导了，我们到底听谁的？如果你要把国家给叔段，我们就去听他的命令。如果不给他，你就应该除掉他，不要让老百姓有疑问。"

郑庄公说："叔段是我母亲的爱子，是我的亲弟弟。我怎么能除掉他？我宁可失地，也不能伤兄弟之情，违背我母亲的意思。"

其实，郑庄公是觉得现在还不是时候。如果因为叔段只有这么一点儿错，就要除掉他，自己一定会被天下人骂。不找到叔段造反的确切证据，他是不会杀叔段的。所以他一方面假装不在乎，另一方面却加紧对叔段的监视。

武姜看大儿子没有反应，放心了，就写信给小儿子，说："不要害怕，可以继续干。"

于是叔段又把另外两个地方也抢了过去，作为自己的封地。

公子吕对郑庄公说："这回可以了吧。等他的势力强大了，就会得到民众支持。"

郑庄公说："不用担心，这是他自己害自己。不合道义，势力越大越会失败。"

郑庄公并不着急，他知道叔段没有什么像样的军队，翻不了天。

这时他弟弟叔段也明白了，这两次虽然占了便宜，但是其实没有什么用，重要的是得有军队，没有军队怎么能攻进都城，夺取国君的位子呢？

于是他开始招兵，造战车，积存粮食，加固城墙，做起了打仗的准备。他真的要造反了。

不过，他不是打仗的人才，他手下也没有懂得军

监视 jiānshì 派人在旁边看，看看有没有问题。

事的人。他的士兵们不愿意打仗，军队没有什么士气。

郑庄公仍然什么都没有做。不过，京城发生的一切他都知道得清清楚楚。他在等，等叔段起兵造反。

武姜真的一点儿都不了解自己的大儿子，她以为大儿子胆小怕事，很窝囊，是个没出息的人。

她完全错了。郑庄公之所以一直忍着没有动手，是不想让人说他连自己的亲弟弟都容不下。所以，不等叔段真正起兵造反，他是不会动手的。

窝囊 wōnang 无能，没有用。

黄泉相见

当郑庄公看到叔段已经准备好了以后，就对大臣们说，他要去洛邑朝见周天子。武姜知道这个消息以后很高兴。觉得这是一个难得的机会，就立即给小儿子写信，让他乘这个机会带兵攻打新郑。

其实，郑庄公没有去洛邑。他知道母亲一定会派人给叔段送信，叫他起兵。结果，武姜的信使一出门，就被抓了起来。郑庄公看过信以后，派自己的人把信送去，并且要了叔段的回信。只要叔段一出兵，他就动手。

叔段定下了攻打都城的日期。他跟母亲说好了，让母亲里应外合，派人打开城门，迎接他的军队。

郑庄公知道了他们攻打新郑的日期，就说："可以了。"

那一天，他派公子吕带领200辆战车，去攻打京城。

看见公子吕带着军队来了，叔段辛辛苦苦征集起来的军队，一下子都逃走了。仗都打不起来，叔段只好逃走，他逃到了鄢（yān）。

不出郑庄公所料，京城的人都背叛了叔段，因为他是不合道义的，没人愿意为他去打仗。

公子吕的军队又去攻打鄢。叔段只好逃到共国。

背叛　bèipàn　反对，并且站在敌对的立场。

公子吕的军队包围了共。

叔段后来怎么样了？是被杀死了？自杀了？还是逃到了国外？

《左传》和《史记》都没有说，只说叔段的儿子逃到了卫国。

郑庄公不想杀兄弟，可是他母亲一意要这样做。他没有能力改变这一切，只好让事情一步一步发展下去。其实，他早就知道事情的结果。

武姜一心想把所有的好东西都给小儿子，尤其想把国家抢过来给小儿子。于是就不断地给他写信，让他背叛哥哥，把小儿子一步步引上了造反的路。

从叔段的住处发现了很多武姜写的信，都是骂大儿子、鼓动叔段造反的。

郑庄公对母亲很不满，忍了这么多年终于忍不住了。他让母亲离开都城到颍（yǐng）城去住，并且发誓："不及黄泉（quán），无相见也。"

什么意思？

"黄泉"是指地下的泉水，也指人死后埋葬的地方。后来人们说"命丧（sàng）黄泉"，意思就是死了。

发誓　fāshì　对天说出自己以后一定怎么样做。
埋葬　máizàng　人死了以后，放在地下，埋起来。

所以郑庄公这句话的意思是：我到死都不会见你了。

武姜很后悔。小儿子死了，她非常痛心，没想到结果会这样。

把母亲赶出国都以后，郑庄公后悔了，而且非常后悔。母亲再怎么不对，她也是自己的母亲啊，怎么能这样对她呢？

郑庄公越想越后悔，觉得自己做得太过分。他想把母亲请回来，好好孝敬她老人家。

可是，他发过誓：不及黄泉，无相见也。

古人发誓是发给上天听的。郑庄公不敢违背自己的誓言。

郑庄公很痛苦，晚上睡不着觉，所以白天上朝的时候没有精神。

他曾经问过祭足和公子吕等大臣有没有什么好办法，可是他们都说没有办法。

后来，这件事大家都知道了。

颍城的地方官叫考叔，他是一个很孝顺的人，很孝敬自己的母亲。他知道郑庄公的心情，决定帮助郑庄公解决这个问题。所以，他带着礼物来见郑庄公。

那时候，地方官或者老百姓比较容易见到国君。他们如果得到了什么好东西，就会把它献给国君。国

孝敬 xiàojìng 对父母好，照顾他们。

君会亲自接见他们，接受了礼物以后，还会回送礼物。

郑庄公接受礼物以后，请颖考叔吃饭，作为回礼。饭食很好很多，有菜有肉。那时候普通人难得吃肉，可是考叔见到肉以后并没有吃，他把肉放在一边。

郑庄公问他为什么不吃肉。

考叔说："我有母亲，她常吃我做的饭，可是没有吃过国君赐（cì）给的肉。请让我把肉带回去，给母亲吃吧。"

听了考叔的话，郑庄公想起了自己的母亲，叹（tàn）了一口气，说："你有母亲可送，可是我却没有。"

考叔假装吃惊地问道："我大胆问一句，您是什么意思？"

郑庄公把事情的经过告诉了他，并且说自己现在后悔极了："我很想念母亲，可是因为发过誓，不知道该怎么办。"

考叔说："这有什么难的？"

郑庄公眼睛一亮，问道："你有办法？"

考叔说："只要挖一个坑，挖得深一点儿，地下水就会流出来，您不就见到黄泉了吗？那时候您就可以见您母亲了。"

真是一个好主意！

坑 kēng　地上凹下去的地方。

郑庄公立即让考叔去办这件事。

考叔带着一帮人，找了一个地下水多的地方开始挖坑。挖了一丈多，地下水就出来了。

考叔先去拜访武姜，把郑庄公的心情，以及自己的办法告诉她，请她去跟儿子相会。

武姜当然很高兴。

武姜跟着考叔来到大坑边，顺着梯子下到了坑里。

考叔又把郑庄公请来。

郑庄公往坑里一看，看到了泉水，也看到了母亲。他心里很激动，大声说道："大隧（suì）之内，其乐也融（róng）融。"

意思是：母亲，在大坑里，您还高兴吧？

武姜听到了儿子的声音，也激动地说："大隧之外，其乐也泄泄。"

意思是：儿子，你在大坑外，也开心吧？

母子终于相见了，郑庄公亲自下去扶着母亲上来，两个人抱头痛哭，然后一起坐车回新郑。

考叔因为这件事立了功，被提拔为大夫。大夫是当时比较大的官。

庄公四出

郑庄公跟他父亲一样，不但是郑国的国君，还在周天子那儿当着官。本来他应该常常在洛邑，在周天子的身边。可是，因为郑国的事情太多，他去不了。而且说实在的，他根本没把周天子身边的官当一回事。所以，他已经很长时间没到洛邑去了。

周平王因此很不满意，心里说："我这里虽然没有多少事，但你也不能占着职位不来上班呀。"

他想让一个小国的国君来接替郑庄公当官。

那小国的国君不敢得罪郑国，所以没有答应。不过这件事很快就让郑庄公知道了。他很不高兴，跑到洛邑去问周平王。

周平王说："没有这回事呀，你听谁说的呢？"

这时候周天子的实力已经很差了，连一般的诸侯都不敢得罪。要是在以前，你不来上班，是你的错，我叫你走人。谁敢说什么呀！

可是，现在不行了，周天子已经没有这样的底气了。

周平王看郑庄公不高兴，心里想，郑国离洛邑最近，以后有什么事，说不定还得靠郑国呢，还是让步吧。

所以，他对郑庄公说："我是绝对信任你的，你要是不信，这样吧，我的太子到你那儿去当人质，怎么样？"

四出　sì chū　四面出击。
得罪　dézuì　做了对别人不好的事，使别人很不高兴。
人质　rénzhì　为了让对方相信自己，把自己的亲人放在对方那里。

天子让自己的太子到诸侯那儿去当人质，这是不合礼仪的，因为诸侯是下级，天子怎么能跟下级交换人质呢？

郑庄公不敢接受，可是周平王非要这样干。

郑庄公没办法，只好把自己的大儿子公子忽也送到洛邑去当人质，作为交换。

公元前720年，周平王死了，郑庄公赶紧把周太子送回洛邑。周太子当时已经快50岁了，身体又不好，没过几天也死了。

于是，周太子的儿子当了周王，他就是周桓王。

周桓王很年轻，他很不喜欢郑庄公。刚上台没多久，就不让郑庄公当周朝的官了。他说道："郑侯年纪大了，我不忍心让你到洛邑来上班，退休回家吧。"

郑庄公只好收拾东西回家了。

但他很不高兴，心里非常不舒服。不是因为丢了官，而是因为这样灰头土脸地走太没面子了。

郑庄公越想越不高兴。这事不能就这样算了，怎么也得出出这口气。

"我们发兵去攻打洛邑。"他手下的大臣气愤地说。

这当然不行，去攻打周天子，这不是造反吗？再生气也不能干这种事。

祭足说："不如这样，我们出兵到温县去向他们借粮食，他们要是不借，我们就把他们地里的麦（mài）子割了，让他们也难受难受。”

麦子 màizi

好！郑庄公一听，拍大腿叫好。还是祭足聪明！这样的办法只有祭足才想得出来。

于是，由祭足亲自带队，郑军大队人马到了温县。温县的大夫当然不会把粮食借给郑军。他们关上了城门，不理郑国人。

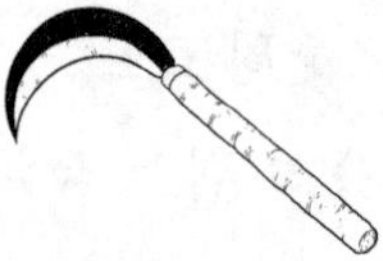

镰刀 liándāo

不理就不理，反正郑国人早就有准备，每个士兵都带着镰（lián）刀呢。

五月，正是麦子熟的时候，士兵们弯下腰，开始割麦子。县城附近的麦子全被他们割下来，装上车拉走了。

眼看着自己辛辛苦苦种的麦子被抢走了，温县大夫气得要命。可是他们不敢出来，因为他们兵少，打不过郑国的军队。

到了秋天，谷子熟了，祭足又带着郑军到成周，把那里的谷（gǔ）子割走了。

谷子 gǔzi

这一下，郑庄公的气顺了。

可是，周桓王气坏了，大骂郑

庄公不是东西。他要出兵去攻打郑国。

大臣们劝他，说："为了一点儿麦子打仗太不值(zhí)。算了，算了，就当那些麦子喂狗了吧。"

从此，郑国跟周王的关系就变得很坏了。

后来，郑庄公觉得自己做得太过分了，跟周天子关系搞得那么差，毕竟不是好事。所以，过了三年，他带着很多礼物，亲自到洛邑去朝见周桓王，想当面道歉，恢复跟周天子的关系。

谁知，时间虽然过去了三年，可周桓王还记得割麦子的事，一肚子气还没消呢，见了郑庄公，气就不打一处来，没给他好脸色看。

周桓王说："今年你们的收成怎么样？要不要再到我的地里割麦子？"

郑庄公自知做得不对，所以不敢说什么，只好告辞出来。

周桓王收下他的礼物，第二天派人送来10车粮食，作为回礼。说这是备荒用的，省得以后大老远地跑到温县去割麦子。

这明明是来气郑庄公的。

郑庄公碰了一鼻子灰，回到了郑国。他忍着，没

道歉　dào qiàn　说对不起。
告辞　gàocí　说再见。

有跟周王进一步对抗，他不想把关系搞得更坏。

周桓王不是回送了 10 车麦子吗？正好，他就打着周桓王的旗号，说周天子叫他去攻打东边的邻居宋国。

前些日子，宋国攻破了郑国城市长葛（gě），他正想报这个仇。

宋国跟郑国差不多大，两国军队人数也差不多，要打败宋国并不容易，但是郑庄公很有信心。

他首先开展外交工作，一边跟宋国周围的小国建立良好的关系，保证他们在打仗的时候不会去帮助宋国。一边打着周王的名义，跟齐国和鲁（lǔ）国联合，让他们共同出兵攻打宋国。

齐国和鲁国本来跟宋国的关系不错，可是周王让他们攻打宋国，这两国也不好说什么，就同意出兵。

齐国是一个大国，军事实力很强。鲁国跟郑国差不多大，实力不算太强。这三国联合起来，宋国当然不是对手。

既然是打着周王的旗号攻打宋国，就需要有一个理由。

找一个借口很容易，就说宋国这么多年来一直不去朝拜周王，现在周王命令郑国联合各国攻打宋国。

其实，那时候周王室已经没有什么力量，大家都没有把周天子放在眼里，已经没有哪个国家的诸侯去朝拜他了，郑国离洛邑这么近，郑庄公也不去。

“说我不朝拜周王，你们去朝拜周王了吗？”宋殇(shāng)公很不服气地说。

不服气也没有用，反正要打你。

公元前715年，郑国军队跟齐国和鲁国军队联合出兵，很快就攻下了宋国的郜(gào)城和防城。

三国军队看起来很强大，宋国根本不是对手。宋殇公害怕了，他想到了投降。那时候，如果投降可能就不会亡国。

可是，他再一想：不行。郑庄公这个人心狠(hěn)，跟别人不一样，一投降很可能就把自己杀了。

不能投降。可是不投降怎么办呢？宋殇公很着急。

大司马孔父嘉(jiā)说：“主公，我有办法。”

大司马是管军事的，相当于现在的国防部长。

“什么办法？快说。”

“您在这儿守城，我带着200辆战车出城，联合卫国军队，去偷偷地攻打郑国国都。郑庄公把他所有的主力都带出来了，国内一定只有很少的军队。一听到我们打他的国都，郑庄公一定会赶紧撤(chè)军回去救国都。只要郑国军队一撤，齐国和鲁国也一定会撤军。”

投降 tóuxiáng 打不过敌人，只好放下武器，举起双手，希望敌人不要杀自己。

“好主意，这个办法一定行。”宋殇公这才松了一口气。

这确实是一个好主意。

当天晚上，孔父嘉就带着200辆战车，悄悄地离开城里，向西走去。同时，派人到卫国，请求他们支援。果然，卫国也出了200辆战车。两国军队合在一起，400辆战车，声势也不小。

不久，他们就到了郑国的国都新郑。在城外排好队，把鼓（gǔ）擂（léi）得震天响，做出要攻城的样子。

在新郑守城的是郑庄公的大儿子公子忽。

孔父嘉估计得对，这时候新郑城内只有很少的老弱士兵。公子忽一边组织士兵守城，一边派人火速报告郑庄公，请父亲回来救新郑。

郑庄公接到公子忽的急报，连忙下令撤军。

“我们节节胜利，为什么撤军？”齐国和鲁国的大将不明白。

郑庄公并没有把宋国人攻打新郑的实情告诉对方，而是说：“周天子命令我们惩罚宋国，我们已经惩罚过了。他们也没什么大错，我们也不能灭了他们，是不是？”

松气　sōng qì　放心了，不再害怕担心。
惩罚　chéngfá　把做了坏事的人关起来，打他，或者杀死他，这就是惩罚。

“我们已经拿下了两座城市，这样吧，郜城给齐国，防城给鲁国吧。”郑庄公说。

这次打宋国，郑国人出力最多，可是郑国自己竟然什么好处也不要，这使齐国和鲁国的将军很感动。

“郜城我们也不要，还是给你们郑国吧。”齐国将军客气地说。因为郜城没跟齐国挨着，以后没法管理，所以齐国不要。

“那就都给鲁国吧。”郑庄公说。

于是鲁国得到了两座城，留下部队守城。大家撤军回国。

打败周王

孔父嘉带着宋国和卫国的军队在新郑城外闹了两天，没有攻城。他们根本就没想攻城，只等着宋国的消息，只要郑国军队从宋国一撤军，他们也就撤军回国。

果然，宋国派人送信来说，三国军队都撤走了。

“将士们，我们也撤。”孔父嘉很高兴，自己的计划成功了，他让士兵们收拾收拾东西回国。

可是往哪儿走？

孔父嘉一想，要是走近路，在半路上一定会碰到郑国军队。所以，他决定走远路，跟着卫国军队从戴国绕过去回宋国。

戴国在卫国和郑国之间，是一个更小的小国。

本来军队经过别人的国家，应该跟人家借路才对。可是，孔父嘉根本没把戴国放在眼里。

“一个小国，借什么路？我想过就过，你能把我怎么样。”孔父嘉想。

没想到戴国人很紧张，以为宋国和卫国军队来进攻了。赶紧关上城门，准备抵抗（dǐkàng）。

孔父嘉很生气，心想：“打郑国我打不过，打你小小的戴国易如反掌，我灭了你，你信吗？”

本来，骗得郑国人从宋国撤兵，围郑救宋的计划成功了，应该赶紧带领人马回国才对。可是孔父嘉竟然在半路上去打第三国。

他们开始攻城。

戴国虽然是一个小国，可是他们的城墙挺高，挺坚固（gù）。孔父嘉带着两国军队打了好几天，竟然打不下来。

他一着急，赶紧把附近的蔡（cài）国军队也找来，三国军队一起打。

戴国国君不明白："我招谁了？你们都来打我。我怎么这么倒霉呀！眼看着坚持不下去了，怎么办呢？"

只有一个办法，就是向别国求救。向谁求救呢？郑国比较强大，他想向郑国求救。

我们再说郑庄公，他带着军队回郑国，准备在郑国消灭宋国和卫国的军队。可是到新郑一看，一个敌人也没有。

出城来迎接父亲的公子忽说，宋军和卫军前几天已经跑了，两国军队都是往北走的。

往北走？郑庄公明白了，孔父嘉是怕在路上碰到郑国军队，故意绕着走远路。

让他们跑了，郑庄公觉得很遗憾。

招　zhāo　用言语或行动让对方生气。
倒霉　dǎo méi　碰到了坏事。
遗憾　yíhàn　觉得不好、不应该、不满意。

接着有人来报告说，宋国军队和卫国军队在半路上攻打戴国，攻了几天攻不下来。

郑庄公笑了，他笑孔父嘉是个笨蛋，不懂得打仗。

郑庄公立刻就有了一个好计划。

“出发，去戴国。”郑庄公下命令。

郑国军队连城都没有进，直接就去了戴国。

当然，他们不是去帮助戴国的，郑庄公早就想灭掉戴国，现在机会来了。

宋国、卫国和蔡国的军队正在攻城，一国负责攻一个门，只有东门没有军队。郑庄公让公子吕和考叔等带领人马从外边包围宋军。

他自己带着一部分军队来到东门，派出使者对戴国国君说：“别怕，我们来救你们了。”

城眼看要守不住了，戴国国君心里着急，正要派人去郑国求救，没想到郑国军队这么快就来了。

救星啊，救星来了。他叫人赶紧打开东门，欢迎郑国军队进城，希望他们能帮自己打败侵略军。

可是，郑庄公一进城就翻了脸，让人把戴国国君抓起来，全家老小一起赶出城去。

戴国就这样灭亡了，变成了郑国的领土。

一只羊在受到狼攻击的时候，要是请老虎来帮自己，那一定会死得更快。

城墙上一下子换成了郑国的旗子，郑庄公站在城头，对城下的孔父嘉说："孔父嘉，谢谢你帮我们打戴国。"

说完他大笑起来，笑得合不拢（lǒng）嘴。

孔父嘉大吃一惊，一下子傻了。他想不明白：怎么会在这里遇见郑庄公？郑国人是怎么进的城？

想不明白也没时间想了，他必须赶快逃跑。他知道，要是跑得慢，就没命了！

还有这么多士兵，以及卫国和蔡国的军队，难道不管他们了吗？

顾不上别人了，自己逃命要紧。他命令战车调转车头，朝没人的地方飞跑。

其实，所有攻城的士兵都知道打不过郑国人，都决定逃跑。

城内的郑军杀了出来，城外早有郑国的军队包围，两边一夹（jiā）击。这三国的军队被全部消灭了。

孔父嘉跑得快，逃走了。只有20多人跟他一起逃回了宋国。

宋国的200辆战车，卫国的200辆战车，都成了郑国的战利品。

郑庄公开心极了，这是他这一辈（bèi）子最高兴的一件事。不但没费吹灰之力就灭了戴国，还轻轻松松地消灭了宋国和卫国的主力部队，得到400辆战车。

可是，郑庄公假冒周王的命令，去攻打宋国的事情后来大家都知道了。

周桓王非常生气，大骂郑庄公是个骗子，竟然敢假冒周王室，欺骗世人，欺骗周王室。他决定要出兵去攻打这个骗子。

虽然大臣们都劝他不要冲动，可是周桓王不听。

周桓王发出通知，叫天下的诸侯共同出兵去攻打郑国。可是，只有蔡国、陈国和卫国三个小国表示愿意出兵，其他的国家都说有事来不了。

周王室的命令越来越不管用了，这使周王觉得很没面子。

即使只有三个小国派兵来，也必须去打郑国，要不然这口气咽（yàn）不下去。

公元前707年，周桓王亲自带着王室的军队，会同卫国、蔡国和陈国的军队，去攻打郑国。

大军分为三路，来到了郑国。左路是陈国的军队，右路是卫国和蔡国的军队，王室的军队在中路。

这是真正的王室军队，不是假冒的，周桓王亲自出征。

郑庄公赶紧叫大臣们来商量怎么办。

有的大臣主张投降，说："天子亲自来攻打我们，名正言顺啊，不如我们派人去承认错误，也许天子就原谅我们了。”

郑庄公生气地说：“不行。周王不让我在王室当官，又出兵来打我。我要是太窝囊，一定连国家都保不住。”

有的将军说，左路是陈国军队，他们的战斗力最弱。我们也分兵三路，先打左路。敌人左路兵败，右路的卫国和蔡国军队一定动摇，容易击败。等到他们两面兵败，我们就在中路发起进攻，打败他们。

“就用这个办法。要快，速战速决，时间长了对我们不利。”郑庄公说。

郑国也出兵了，也是三路大军，来到战场。

看到郑国军队，周桓王更生气了，心想：“你还真敢跟我打？我要马上灭了你。”他命令擂鼓发动进攻，并且亲自上阵，想好了一肚子的话，准备责问郑庄公。

可是，郑国人把住阵门不出来。周桓王派人到阵前挑战，也没人应战。擂鼓擂到中午，王室这边的士兵们都累了，开始放松起来。

这时候，郑国军营里战鼓响了，右边的军队冲出来，冲向陈国军队。陈国军队本来就没什么战斗力，又不想打仗，看到郑军来了就赶紧逃命，一下子把中路的王室军队都冲散了。

接着，左边祭足带领的郑军也打败了卫国和蔡国军队，接着向王室军队包围过来。

郑庄公带领的中军出动了，向王室军队压过来。王室军队一看情况不好，赶紧后退。

郑国将军祝聃（dān）远远地看见周桓王，拉开弓箭射了一箭，射中了周王的肩。因为离得太远，力量不大，周桓王伤得不太重。

祝聃拍马正要追赶，却听到郑军收兵的锣（luó）声，他只好停了下来。

“主公，我已经射中周王了。为什么不让追赶？”祝聃问郑庄公。

“见好就收吧。我们打这一仗是为了保住国家，不敢有别的想法。你要是追上去，捉住了周王，我们拿他怎么办呢？你用箭射他，也是不应该的，万一射死了，我的罪名就大了。”

祭足也赶紧说：“主公说得对。现在周王一定已经害怕了，而且下不了台。我们应该赶快派使者去，向周王道歉，慰问他们，说明用箭射周王不是主公的本意。”

郑庄公说：“你说得对，这件事非你去不可。”

于是，祭足带着12头牛和100只羊，还有其他礼物，共100车东西，连夜赶到周王的营地，去慰问周王。

慰问 wèiwèn 带着礼物去问候别人。

祭足见到周王，跪下来再三磕（kē）头谢罪，说：“死罪臣寤生，不忍国家受到损害，出兵自卫，没想到下边的人竟然射伤了大王，寤生为此担心害怕，特派我来向您请罪，看望大王的伤情。并且带来礼物慰劳军队，望大王可怜，饶了他。”

周王的大臣们本来就不愿意打仗。现在打了败仗，就这样回去，太没面子，正觉得下不了台。现在郑庄公主动来认错，有了下台的台阶（jiē），大臣们就赶紧对周王说：“寤生派人来认错，看来已经知罪了，大王就饶了他吧。”

周桓王一肚子气还没有消，可是打又打不过，不饶了他又能怎么办呢？只好趁着这个台阶回去了。

饶 ráo 放过别人，不惩罚。

庄公四子

公元前701年，郑庄公死了，那一年他56岁。

56岁死去，放在现在来看，应该是中年早死。不过，在2700年前，他不算早死。那时候人们的寿(shòu)命都比较短。

郑庄公是一位军事家，他在位期间，经常打仗，几乎是攻必克，战必胜。周围的小国，像宋国、卫国、陈国、蔡国等都怕他，连周王室的军队他都敢打。

同时，郑庄公又是一位有远见、有计谋的政治家。由于他过人的政治才能，郑国成为当时中原小国中最强大的国家。

他死了，郑国从此走向衰落。

他的儿子中没有一个人有他那样的才能。在他们争夺国君位子的时候，郑国很快就衰落了，大权(quán)渐渐落到贵族的手中。

郑庄公有11个儿子，不过，他看重的儿子只有四个：长子公子忽，老二公子突，还有老三公子亹(wěi)和老四公子婴(yīng)。

郑庄公在病重的时候，想到了谁来接班的问题。他把祭足找来，问道："看样子我快不行了，我的儿子中，你觉得谁适合当国君呢?"

祭足很吃惊。这本来不是一个问题，当然应该是

衰落 shuāiluò 由强变弱，由好变坏。

大儿子接班。再说，公子忽挺能干的，为什么郑庄公动摇了呢？

郑庄公说：“我这几个儿子中，最突出的是突，我看他的样子是不愿意在人下的，如果不让他当国君，以后恐怕会有麻烦。所以我想传位于突，你觉得怎么样？”

祭足赶紧说：“主公，公子忽一直是世子，历次打仗功劳也大，大家都服他。传位给公子突不合适。”

郑庄公说：“那么，只好让突到宋国他姥爷家去了。我当然很喜欢忽，可是他太善良，我担心他当国君不行。”

郑庄公死了，公子忽当了郑国的国君，他就是郑昭公。

公子突被送到宋国去了。

这时候，宋国国君已经换成了宋庄公。郑国跟宋国的关系也已经变得很友好了。

公子突的姥爷家是宋国的贵族，公子突通过姥爷向宋庄公表示，希望宋庄公帮忙打回郑国去。

宋庄公答应帮忙。他为什么肯帮忙？

因为宋国可以得到好处。

宋庄公向公子突开口讲条件，如果事情成功，郑国给宋国三座城，还有大量的黄金、玉璧（bì）和粮食。

姥爷 lǎoye 妈妈的爸爸。

为了当国君，公子突想也没有想，就答应了。

宋庄公知道，现在祭足是郑国最重要的人，只要祭足来到宋国，事情就好办了。

祭足果然来了，他来向宋国通报公子忽当了郑国国君，同时请他们好好对待公子突。

可是一进门，宋庄公马上让人把他抓了起来。告诉他，如果不立公子突为国君，就杀死他。

祭足没想到这一趟来这么倒霉，看着架在自己脖子上寒光闪闪的刀，他知道这不是开玩笑。只要自己说一声“不”，脑袋立马就会掉在地上。

他屈服了，跟宋国人结了盟（méng），发了誓，带公子突回郑国当国君。

郑昭公没当几天国君，就下台了，他逃到了卫国。

公子突当了国君，他就是郑厉公。

虽然他如愿当了郑国的国君，可是郑厉公心里很不高兴，因为郑国的大权实际上在祭足手里，自己说什么都不算。

他不喜欢祭足，以前就不喜欢，现在更讨厌他了。他想杀祭足，可是祭足的势力太大，他不得不小心。

四年后的一天，他把他的亲信大臣雍（yōng）纠（jiū）叫来商量。

屈服　qūfú　投降，答应对方的条件。

雍纠是他的表弟，是宋国人，在郑国当大夫，同时，祭足把女儿嫁给了他。

“祭足对我很不尊重，这老家伙心里还想着我哥哥公子忽。”郑厉公说。

“我看也是，您要是不杀他，他迟早会杀了您。”雍纠说。

“你有什么办法吗？”

雍纠想了一会儿，说：“有了。东郊的民居被战争破坏，过几天要举行重建仪式，要举办一个酒会。我请他去，到时候我在酒中放毒，毒死他。”

郑厉公想了一会儿，说：“好！这事就交给你了，你要小心。如果干掉了他，以后你就是上卿（qīng）。”

上卿是最大的贵族呀！

郑厉公很高兴，请雍纠喝酒，两个人喝了一杯又一杯，都喝多了。

雍纠很兴奋，也很紧张，这个公子哥儿从来没有干过这样的大事。实际上他根本不是干大事的人。

晚上他醉醺（xūn）醺地回到家，天已经很晚了。他的老婆是祭足的女儿，看他今天不太对头，觉得一定有事。

“你今天跟谁喝酒，喝得这么晚？”她问。

毒　dú　人吃了就会死的东西。

“跟……跟我的表哥……主……主公。”

雍纠老婆一听，觉得奇怪，郑厉公平时不这么喝酒呀。就问道：“你们什么事这么高兴？”

“过几天，东郊盖房子，我要请你父亲，我的老丈人去喝酒。”雍纠醉醺醺地说。

“这样的小事，值得这么高兴吗？我父亲要是不去呢？他这个人可不是谁请他都去的。”他老婆更加奇怪了。

“对呀！怎么没想到这个问题呢？他要是不去，那怎么下手呀？”雍纠想到这里，忽然着急起来，不知不觉地抓住老婆的手，问道：“那怎么办呢？”

“什么怎么办？他不去就不去，这有什么？”他老婆嘴上虽然这样说，可是心里已经猜想到这中间一定有事，要不然他不会这么着急。

父亲跟郑厉公关系不好，她是知道的，一定是他们要对父亲动手了。

郑国内乱

雍纠自作聪明地说："你去请他，怎么样？"

"我去请？我算什么？再说，我跟我父亲的关系也是很不好的。"她老婆故意这样说。

"为什么不好？"雍纠想起来了，老婆嫁给自己以后，确实很少回娘家。

"这老头子有好几个小老婆，平时对我妈和我理都不理，我恨死他了。"她老婆说。其实她跟她父亲的关系不是这样的。

雍纠一听很高兴，说道："如果有事，你是站在你父亲一边，还是站在我这一边？"

"你这是什么话？我嫁给你了，就嫁鸡随鸡，嫁狗随狗。当然跟你是一条心的。"

"那好，你帮我去请他。"

"你为什么一定要请他去？你得把实情告诉我呀。"

雍纠真以为老婆会跟他一条心，于是，就把要毒杀祭足的事说了出来。

第二天他老婆就回娘家去了，悄悄地问她母亲："父亲跟老公哪一个更亲？"

她母亲说："当然是父亲。父亲只有一个，老公死了可以再换一个，这怎么能比呢？"

于是，她把雍纠要在酒里放毒药的事告诉了父亲。

祭足很高兴女儿帮自己，他安慰女儿，说："孩子，别害怕。过几天我给你换一个更好的丈夫。”

东郊的酒会上，祭足来了。雍纠赶紧迎上去敬酒。他心里很紧张，本来他看见祭足就紧张，现在酒里放了毒药，心里有鬼，就更紧张了。

“父亲，我敬您一杯酒。”雍纠好不容易让自己说出了一句完整的话。

“还是你自己喝吧。”祭足冷冷地说。

“这是……我特意为您……”雍纠说。

“来人呀，把这杯酒给他灌下去。”祭足不等雍纠把话说完，就对手下的人说。

马上过来了两个大汉，把酒给他灌下去了。

不一会儿，雍纠就倒在地上，嘴和鼻子都流出血来，死了。

消息很快就传到了郑厉公那里。郑厉公没想到事情会这样，一拍桌子，说：“雍纠这个笨蛋，坏了我的大事！”

他知道，这下国君当不成了。必须赶快跑，再不跑，祭足一定会杀自己。

他跑到了蔡国。

于是，祭足把郑昭公又请了回来。

紧张 jǐnzhāng 心里害怕，不安。
灌 guàn 别人不喝，用强力让他喝下去。

郑昭公回来了，他没有治祭足的罪。他是一个心地善良的人，虽然对祭足有些不满，可是他知道，祭足当时也是没有办法。所以，他仍然很信任祭足。

祭足自己觉得对不起郑昭公，所以常常假装有病，不去上朝。

郑昭公回来，有一个人心里很紧张，这个人叫高渠(qú) 弥 (mí)。因为郑昭公很讨厌他。

以前郑庄公要提拔高渠弥当上卿，征求大家的意见，公子忽就竭力反对，说这个人不行，不能重用。可是他父亲没有听他的意见，坚持让高渠弥当了上卿。

“现在，他当了国君，一定会对我下手，我应该趁早除掉他。”高渠弥心里想。

他暗地里开始做准备，悄悄地在家里养了几个死士，要杀死郑昭公。

什么是死士？就是不怕死，连命都不要的人。

郑庄公为什么没有马上下手除掉高渠弥？

因为他太善良。虽然祭足建议他杀掉高渠弥，但是郑昭公想：我虽然不喜欢他，可是人家也没有什么错，我怎么能杀人？以后如果他有错，我撤他的职就是了。

郑昭公回到郑国三年以后，齐国国君齐襄（xiāng）公要娶周王的女儿，郑国应该派人去参加婚礼。这是一次重要的外交活动，可以跟齐国搞好关系，所以郑昭公派祭足去。

祭足带着礼物走了。

高渠弥认为他下手杀郑昭公的机会来了。趁郑昭公出去打猎（liè）的时候，他的那几个死士，假装成强盗，把郑昭公射杀了。

郑昭公就这样死了。

他父亲说得对，他心太善，当国君不行。果然，心慈（cí）手软当不了政治家。

杀了郑昭公后，高渠弥马上派人从国外把郑庄公的三儿子公子亹接回郑国，当了国君。

齐襄公跟郑昭公和祭足的关系一向很好，这次见到祭足很高兴，两个人谈得很开心。

忽然从郑国传来消息说，郑国政变（zhèngbiàn）了，郑昭公被杀死，高渠弥请公子亹当了国君。

齐襄公和祭足都大吃一惊。齐襄公生气地拍着桌子说："谁杀了郑公，我就杀死谁！"

祭足赶紧回郑国，他先去看自己的家。还好他的家人没事。

公子亹和高渠弥不敢把祭足怎么样，因为很多事还要祭足来做。

郑昭公死了，祭足很难过。可是人死不能复活，

强盗 qiángdào 在山里抢东西杀人的人。

他又有什么办法呢？公子亹当国君总比郑厉公回来要好一些吧。所以他也只好认了。

过了大半年时间，齐国要召开诸侯大会，请天下诸侯参加，当然也请了郑国。

“主公，别去。”祭足劝公子亹。

“为什么？”

“有危险。”祭足说。

“这么多诸侯都去，有什么危险？”公子亹坚持要去，而且要高渠弥和祭足陪他一起去。

“主公，我去不了，我最近肚子疼，拉肚子。”祭足知道他们去了就回不来了，所以就假装生病。

公子亹和高渠弥去了。

果然，齐襄公见到他们俩就把他们抓起来杀了。公子亹当国君不到一年就死了。

祭足只好从国外把公子婴请回来当国君。

公子婴当国君当了 14 年，祭足死了。人老了都会死，祭足虽然聪明，可是他也会死。

有一个人很高兴，那就是郑厉公。他逃到蔡国后不久，就占领了郑国的边境城市栎（lì）城，在那里招兵买马，训练军队，随时准备打回新郑。以前因为有祭足在，他知道自己不是祭足的对手。现在祭足死了，他的机会来了。

公元前679年，郑厉公打回了新郑，杀死了自己的弟弟公子婴，又当了国君。

20年时间里，郑国换了六次国君，国力当然就走向衰弱。此后，郑国的权力被一些公族掌握。

郑国变弱

这时候，各国形势发生了重大的变化。

先是齐国在齐桓（huán）公和管仲（zhòng）的治理下很快强大，成为一时的霸（bà）主。

接着，楚国在楚成王的领导下强大起来，对中原不怀好意。

然后是晋文公重耳的团队回到晋国，晋国变得非常强大，取代齐国成为了霸主。

楚国和晋国，都是郑国的邻国。一个在南面，一个在北面。这两个国家地方大，人口多，军队战斗力很强。跟他们比起来，郑国就是一个小国，人口少，兵力弱，根本打不赢。

于是，郑国只好向他们投降。但是，如果跟楚国结盟，晋国就不高兴，会派兵来打郑国。如果跟晋国结盟呢，楚国也会派兵来打。郑国夹在两个大国中间，常常挨打受气，左右难做人。国君常常要轮流向两个大国磕头认罪，日子过得很惨。

一年又一年地过去，时间过了 100 多年。

公元前 565 年，郑国派子国和子耳带军队去打蔡国，郑国人打胜了。郑国人都很高兴，以为自己强大了。

有一个少年却说："小国没有文治，却有了武功，没有比这更糟糕的了。如果楚国人前来攻打我们，我

惨　cǎn　很不好，很糟糕，让人很伤心。

糟糕　zāogāo　情况很坏。

们能不顺从他们吗？顺从了楚国，晋国的军队就一定会来。晋楚两国轮流进攻郑国，从今往后，郑国四五年都不得安宁了。”

大家一看，那少年是子国的儿子子产。子国很生气地对儿子说：“国家大事你知道什么？小孩子乱说话，会被杀头的。”

可是，事实上这孩子说得很对，这年冬天楚国军队就来进攻了，责问郑国为什么去打蔡国。郑国人只好投降，跟楚国人结盟。

第二年，晋国人又来进攻，责问郑国为什么跟楚国结盟。郑国人只好投降晋国，跟晋国人结盟。

这样翻来覆去，四五年之内真的不得安宁。

郑国国内，公族之间的争权夺利也越来越厉害。实际上，郑国的国君已经没有什么权力了，权力落到了几个公族手里。

公族是什么人？他们都是历代国君的子孙。

这时候，郑国的权力在子驷（sì）、子国、子孔和子耳兄弟几个手里。他们实力强大，得到了很多好处，于是其他公族就非常不满。

有一天，这几个人跟郑简公在西宫开会。这个消息被尉（wèi）止等另外几家公族知道了，他们集结了

争权夺利　zhēngquán-duólì　互相争夺权力和好处。

自己家里的武装力量，冲进西宫，把这几个人杀死了，并且绑架了郑简公。

只有子孔一个人跑了出来。他跑去通知子驷和子国的儿子。

子驷的儿子子西听说父亲被杀，一下子慌了神，大哭着跑去收父亲的尸体，然后去追赶叛乱者。

叛乱者进入北宫，子西只好回家去叫家兵。但是家兵听说发生了叛乱，不知道叛乱分子会不会杀过来，也不知道子西还能不能回来，以为这个家完了，多数人都逃走了，而且偷走了家里很多东西。子西回家一看就傻眼了。

子国的儿子子产听说了这件事，可不像子西那样，他非常冷静。他一方面赶紧派人守住家门口，安排好家里的防守，另一方面召集家兵，排成队杀向西宫，收拾了父亲的尸体，然后向北宫进攻。

那时候公族家里都有家兵。不久，其他人也带着家兵赶到了，大家一起杀了叛乱者，救出了郑简公。

子孔的哥哥们都死了，那是公族中权力最大的几个人。于是，子孔成了执政。

绑架　bǎngjià　用强力把人抢走。
尸体　shītǐ　死人的身体。
执政　zhí zhèng　这里指实际掌握国家政权的人，一个国家最有权力的人。

这个子孔可不是一个好人，实际上这场叛乱就是他计划的。他把子驷等几个人开会的消息告诉了尉止，他知道尉止痛恨子驷等人，会联合其他人去杀他们。然后他又去向子西和子产等人报信，让他们去杀死尉止等叛乱者。

他成功了，现在他当了执政。

可是他有些担心，怕大家不服，不听他的。于是他起草了一份盟书，要求大家必须绝对听他的话，国家由他一个人说了算，服从他的命令。他让所有的大夫在盟书上签字。

谁都不是傻瓜。你又不是国君，国家大事怎么能你说了算？你这不是把自己当国君了吗？大家都很生气，根本没有人签字。

子孔很恼火，调集家兵准备把大夫们都杀掉。

这时候，年轻的子产站了出来，劝子孔把盟书烧掉。

“这个盟书是为了安定国家。如果因为大家发怒，我就烧了它，国家由这么多人说了算，难道不会乱吗？”子孔不同意。

“众怒难犯，专欲（yù）难成。合二难以安国，危之道也。”子产说。

签字 qiānzì 在文件上，写下自己的名字。
傻瓜 shǎguā 笨蛋，没有脑子的人。
恼火 nǎohuǒ 很生气。

意思是：要是引起大家的愤怒，事情就难办了，你专制的想法是很难成功的。把这两件难事合在一起，用来治理国家，国家就危险了。

“众怒难犯”这个成语就是子产发明的。

子产说：“你要是烧掉盟书，大家不生气了，也没人来跟你争权，这不是很好吗？”

子孔想想，觉得也对，要是真的动起武来，结果怎么样还真不知道。他没办法，只好把盟书烧掉了，大家的怒气才平息了下来。

子孔当了九年执政。他很喜欢子产，觉得子产很有才能，好几次要提拔子产当卿（qīng），可是都被子产谢绝了，没有答应。

子产为什么不愿意当卿？那可是一个大官啊，别人求都求不来呢！

原来，子产从小就看到郑国公族之间的权力斗争，叔侄之间、兄弟之间争得你死我活，不是你杀我，就是我杀你。他觉得很难过。

这几年他看得很明白。子孔不是什么好人，迟早要出事。现在郑国又分成了两派：子孔跟他的亲信是一派；子孔的侄子子展、子西、子张等人是另一派。

子展和子西后来知道了，子孔就是杀死自己父亲

侄子　zhízi　哥哥或弟弟的儿子。

的人，他们就决定报复，要杀死自己的叔叔子孔。这两派人都在做准备，迟早会动武。

子产不愿意参加这样的争斗，他尽量不站在他们任何一边。所以他宁可只当一个普通的大夫，也要躲得远远的。

果然，公元前554年子孔被杀死了。子展、子西和子张这一派掌了权，这几个人都是堂兄弟。

子展当了正卿，相当于现在的总理。他请子产当下卿，相当于副总理，主要负责外交事务。这一次子产不再推辞，因为他知道子展、子西和子张这些人都比较好，郑国从此能比较安定了。

子产是春秋时期有名的政治家和思想家。

他爱民重民，做了很多被人们称赞的事。

推辞　tuīcí　表示不愿意。

初显才干

子展这帮兄弟掌了权以后，第一件事就是讨论怎么对付晋国和楚国。他们受这两个大国欺负太久了。

晋国的当权者们越来越腐败，越来越贪心。周围的小国投降他们以后，每年都要给他们送钱财和粮食。他们对郑国的要求越来越多，郑国人已经不能忍受了。

怎么对付晋国？大家问子产。

子产说：“晋国的权力都到了六卿手里。六卿为了自己的利益互相争斗，互相杀来杀去，这个国家现在已经很腐败了，外强中干，他们只想占便宜。所以，不要跟他们走得太近。如果他们损害我们的利益，我们不要怕，要据理力争。过分忍让，他们会更看不起我们。当然，也不要跟他们对着干，那也没有好处。”

大家都觉得子产说得有道理，打仗打不过你，可是你要是做得没道理，我一定跟你讲道理。

这时候晋国派人来，要求郑国国君去晋国朝见，因为郑简公好几年都没有去了。这明摆着又是要欺负人。

子展没有让郑简公去，他决定派子产去跟他们讲道理。

腐败 fǔbài 一个国家很黑暗，官员贪污，做事不讲道理，没有法律，等等。

贪心 tānxīn 希望有更多的钱财，不能满足。

子产到了晋国，见到晋国的执政范（fàn）宣子，把郑国这几年是怎么对待晋国的，而晋国又是怎么对待郑国的，用事实一一加以说明，指出责任在晋国，而不在郑国。晋国既然当老大，就不要让盟国失望。

本来范宣子想责问子产，可是子产的话里软中带硬，不卑不亢，句句都有道理，弄得范宣子无话可说。这一次，子产取得了外交上的胜利。

公元前549年，晋国刚刚平定了内乱，齐国又攻打晋国，周围的小国也对晋国三心二意了。晋国人有点儿心烦。

这时候，子展和子产商量，决定让郑简公去晋国朝见。

为什么？

表面上是去慰问晋国，表示支持晋国，实际上要做两件事。

第一件事是要求减少每年给晋国的贡品。

第二件事是郑国想攻打陈国，事先向晋国通报，并且请求晋国出兵帮助。

为什么要攻打陈国？

不卑不亢　bùbēi-búkàng　不觉得自己不如别人，也不觉得自己比别人高强。

贡品　gòngpǐn　这里指诸侯国每年送给王室或盟主的礼物。

因为去年楚国联合几个小国来攻打郑国，其中就有陈国。郑国人退到了城里，守住了城。楚国人没有办法，只好退走了。可是陈国军队到处搞破坏，他们砍光了树木，用土把井（jǐng）都填死了。郑国人非常愤怒，一个小国竟敢这么坏，所以他们决心要攻打陈国。

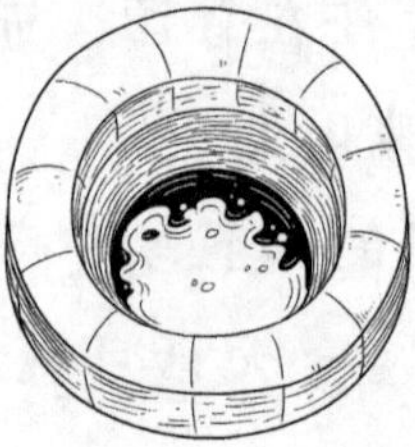

井 jǐng

晋国是盟主，所以这事必须事先跟晋国通报。虽然晋国肯定不会出兵，不过这样一来，一定会答应第一件事。

郑简公去晋国朝见，按照规定应该是子西陪同，因为子西是执政。可是子西没有子产那么会说话，也没有那么强硬。怎么办呢？

最后，子产给范宣子写了一封信，由子西带去。

子产在信中说："您治理晋国，四邻的诸侯听不到您的美德，只听到您要很多很多贡品，我对此感到遗憾。我听说君子治理国和家，不是担心没有财货，而是害怕没有好名声。各国的财货都运到晋国公室，如果您把这些财物作为自己的东西，晋国内部就会不和。如果晋国内部不和，您的国和家就会受到损害。"

填 tián 把东西放进地势低或者空白的地方。

“您为什么那样糊涂呢？哪里用得着那么多财物？您需要的是好名声，好名声是装运德行的车子。德行是国家和家族最重要的。您不也应该这么做吗？有了德行就快乐，快乐了就能长久。”

“好的名声自然能传布天下，远方的人会到您这儿来，近处的人也会获得安宁。您是愿意别人对您说‘您确实养活了我’，还是说‘你拿走我们的东西，来养活自己’？大象（xiàng）有了象牙，因此使自己处在危险中，因为象牙值钱呀！”

象牙　xiàngyá

那范宣子是一个有名的腐败分子，看了这样的信会怎么样？

子西心里很担心，他觉得子产的信写得太不给面子了。

谁知道范宣子看完信以后，竟然说：“好，好，太好了，我接受意见，减少各国的贡品。”

因为这封信使范宣子很震撼，他立刻想起了晋国最富有的几个家族都没有好下场。他觉得子产说得对，财富真是身外之物呀。

只有子产敢这么写，也只有子产才能写得这么深刻！

震撼　zhènhàn　感到很吃惊，心里受到影响。

这时候郑简公突然向范宣子跪了下来，行磕头礼。范宣子大吃一惊，郑简公怎么说也是一方诸侯呀，怎么向自己行磕头礼呢？

范宣子也赶紧跪下来，连说："不敢当，不敢当。您这是为什么？"

子西说："陈国靠强大的楚国来欺负我国，在郑国到处砍树填井，我们决心要向陈国问罪，讨回公道。我国的君主因此请求晋国派兵攻打陈国，所以不敢不行这样的大礼。"

去打陈国？可是陈国后面有楚国呀，范宣子害怕跟楚国打仗，就说："这事我看还是算了吧。我减少你们的贡品，你们用省下来的钱去种树挖井，行不行？"

郑简公和子西没有再说什么，他们知道范宣子不会同意出兵，不管怎么说，招呼已经打过了，打陈国这样的小国，郑国人自己就行。反正第一个目的已经达到了，你范宣子不能再反悔了。

晋国人不同意，郑国还打不打陈国？

打！这口气郑国人咽不下去，一定要讨回公道。

公元前548年6月，子展和子产带领700辆战车去攻打陈国。他们在傍晚的时候悄悄出发，天快亮的时候到了陈国都城外边。军队突然攻城，陈国人还在睡觉，郑国军队一下子攻进了城，包围了宫殿（diàn）。

子展和子产严禁郑军杀人放火，命令军队不要进入陈哀（āi）公的宫室，并且亲自看守着宫门。

陈哀公做梦也没有想到，郑国人已经到了家门口，可是郑国人并没有打进宫来，他知道这是郑国人要自己出去投降。

于是他让大臣们上朝，然后自己穿上丧服，让手下的男男女女分开排队捆绑着，走了出来。

子产开始点数："一双，两双，三双……"好像数鸡蛋一样。

子展对陈哀公说："请您以后做事情不要太绝情，免得以后您到郑国喝不到井水，找不到树荫。"

陈哀公惭愧地发誓，说："从今以后，陈国子孙再不侵犯郑国。"

子展和子产把陈国的民众、军队、土地都还给了陈国，然后搬着陈国国库的财物，回国了。

他们讨回了公道，出了心中的怨恨之气。

可是晋国那边怎么交待呢？因为打陈国，晋国人没有同意。现在晋国正想跟楚国人交好，他们一定会拿郑国跟楚国人做交易。

丧服　sāngfú　家里死人的时候穿的衣服。
免得　miǎnde　以后不要发生这样的事。
惭愧　cánkuì　因为自己做错了事，感到丢脸，心里不安。

子展跟子产一商量，决定把从陈国得到的财物献给晋国，堵住他们的嘴，由子产送去。

子产到了晋国，晋国本来还想指责郑国，可是子产的话，说得合情合理，晋国人没法说什么，再说郑国人还送来了那么多好东西，所以只好算了。

子产执政

公元前544年，子展死了，他的儿子子皮继承了上卿的职位。不久，子西也死了，子西的儿子子上接替了父亲。子耳死后，他的儿子伯有接替了他的职位。这样，郑国六卿的前三位是：子皮、伯有、子产。

郑国内部又出现了问题。

子西的弟弟子皙（xī）觉得自己应该成为卿，可是卿的位置只有六个，他轮不上，心里很不满。

伯有觉得自己应该排第一，老是排在第二心里也不满。他对别人非常傲慢，很无礼。

子皙和伯有还互相看不起，两家的关系很紧张。看起来以后必定会争得你死我活。子产很担心最坏的结果会出现，可是他没有办法改变他们，只能小心地保护自己，不要卷入这种斗争。

伯有喜欢喝酒，在自己家里建了一个地下室，里面放满了酒，自己经常一个人整个晚上都在地下室喝酒，第二天就醉醺（xūn）醺地去上朝。别人劝他，他也不听，大家对他也没办法。

有一天上朝的时候，楚国来了使者，要求郑国派人去朝拜。

郑国跟楚国关系不好，去楚国有危险，这谁都知道，所以谁都不愿意去。

“让子皙去。”伯有醉醺醺地说。

“为什么我去？”子皙很生气。

“叫你去，你就去。问这么多干吗？”伯有不跟他讲理。

子皙愤怒地转过身来就走了。别人也不敢拦他。这次上朝最后也没有决定谁去。

伯有因为喝酒喝了一晚上，没有睡觉，下了朝就回家睡觉去了。

子皙回家去做什么了？

他召集家兵，并且通知哥哥的儿子子上带着家兵，两家合兵去攻打伯有家。

伯有在家睡得像死猪一样，他家的人一点儿准备都没有。家人一看情况不好，慌忙带着他从后门逃跑。他们跑到了许国。

伯有家那些来不及逃跑的人都被杀死了，房子也被烧掉了。

这次是子皙叛乱。可是子皮跟子皙是一伙的，他们认为伯有被赶走是应该的。

子产很生气。他派人去收拾了伯有家人的尸体，埋葬好以后，他走了。他要去宋国，不想跟这些人在一起了，说不定他们也会杀了自己。

子皮听说子产走了，很着急。他知道子产的才能，失去子产是郑国的一大损失。所以他赶快去把子产追了回来。

子产看到子皮真的希望自己回去，就跟他回到了新郑。

再说伯有，在许国越想越咽不下这口气，他向许国借了一些人马，杀了回来。两边又打了起来，双方都派人来找子产出兵帮自己。

子产谁也不帮，他叹着气，说："你们兄弟之间闹到这种地步，让老天爷来做决定吧。"

结果，伯有因为兵少失败，被杀死在街头。他家被消灭了。

战斗结束，满大街都是尸体。子产找到伯有的尸体，给他换了干净衣服，大哭起来。然后把他埋葬了。

子产没有理子晳这一帮人，他不会站在他们一边。这帮人这么闹，郑国迟早要完蛋。

子晳对子产很不满，要派兵去打子产，被子皮挡住了。子皮说："礼法是一个国家的根本，杀了讲礼法的人，国家就要完蛋了。"

子皮虽然在对待伯有的事上做得不公平，但是他还是比较正直的，他对子晳也很不满。

伯有死了，谁来当执政呢？

子皮对子产说："你来执政吧。"子皮现在是上卿，谁执政由他来决定。

"我干不了，你另请高明吧。"子产拒绝了。

“为什么呀？你的才能远在我们之上，除了你谁都不行。”子皮说。

“郑国是一个小国，夹在大国中间，日子不好过。国内呢，仗着家族势力不讲道理的人很多，我管不了他们。你看伯有是什么下场？我可不愿意像他那样，我还想多活几年呢。”子产说，他确实很担心。

子皮知道，自己在伯有这件事上做得不太公正，所以他向子产保证：“从今以后我们都听你的，包括我在内，谁要是违抗你的命令，我就对他不客气。你就专心治理国家，其他的事我来解决，好不好？”

子皮知道，如果郑国完蛋了，他们所有人就全都完蛋了。所以，治理好国家是最重要的。

“那好，你把子皙这些人都给我看住了。”子产终于同意了。

“没问题，我管住他们。”子皮很高兴。

子产改革

郑国的问题很多，不改革不行了。子产首先要做的是两件事。

第一件是整顿社会治安。

当时郑国很乱，社会治安不好。子产按照社会等级，要求各行各业都按自己的本分做事，不可以超出自己的本分。

他应该用了很多办法，不过具体怎么做的，现在已经不太清楚了。史书上说了一件事：当时的社会等级分明，社会地位不同，穿的衣服也不同。郑国因为社会混乱，人们乱穿衣服。很多人穿士的衣服，可他们并不是士。而有些士穿上了大夫的衣服。

子产规定：不可以这样，如果发现，就没收衣服。

这当然引起了一些人的不满。

第二件要做的是发展农业生产。

郑国跟南方不一样，雨水不多，农业的收成没有保证。因此必须在农田里挖水沟，建设灌溉系统。

可是土地是各家各户的，在他们的地里挖沟，减少了他们的土地面积，很多人反对，特别是那些有权有势的大家族不满意。

改革 gǎigé 改掉不好的办法，用新的办法。
灌溉 guàngài 把水放进农田里，使庄稼有水。

改革虽然有利于国家，但是损害了一些人的利益，这些人就会极力反对。

人们虽然对现在的情况不满，但是改变现在的情况，又有很多人不满。所以，骂子产的人很多。

有人说："子产的父亲就是被人杀死的，现在他又来害我们，这样的人治理国家，国家怎么好得了？"

《左传》记下了当时的一首民歌，意思是这样的：没收了我的衣服，侵占了我的土地，谁要是带头去杀子产，我跟他一起去。

子产知道有些人恨他，可是他没有害怕。他说了一句很有名的话："苟（gǒu）利社稷（shèjì），生死以之。"苟表示如果；利就是有利、有好处。社稷就是指国家。生死以之，意思是生死都要去做。

这句话的意思是说：只要对国家有好处的事情，即使死，我也要去做。

子产没有害怕，他坚持改革，一点儿都不动摇。

有一天，一位官员找子产，说："现在郑国人都喜欢坐在乡校，说您改革的事。"

乡校是什么？

乡校是古代农村的学校。每天干完活儿以后，人们都喜欢坐在乡校聊天，因此乡校也是乡村的公共场所。

"这事我知道。"子产说。

“他们常常说您的坏话，我们是不是把乡校关闭了?”那位官员说。

子产说：“为什么?人们早晚空闲的时候，说说改革的事有什么错?大家说好的，我就坚持；大家说不好的，我就改进。这是我的老师呀，为什么要关闭呢?”

“可是他们骂您呢!”

子产说：“我听说，要做好事，这样会减少怨恨。没有听说过可以利用权力，来使人们不敢怨恨。不让说话的办法会造成严重的后果。如果河水决了大口子，就会造成很大的伤害，那时候就没有办法了。还不如开一个小口子，让水一点儿一点儿流出来。我们应该把听到的批评当作治病的良药。”

这位官员听了以后，对子产非常敬佩，说：“您确实是能够成就大事的人，照这样做，郑国真的大有希望。”

这就是有名的“子产不毁（huǐ）乡校”的故事，两千多年来一直被人们称赞。

改革是成功的。由于有了水沟，地里有水了，粮食产量增加，人们得到了好处，反对改革的人也少了。

批评 pīpíng 指出别人的缺点和错误。
敬佩 jìngpèi 觉得很了不起。

社会治安大大改善，做坏事的人也少了。

《史记》说：子产执政一年，不良少年们不再胡闹，老年人不必手提重物，儿童不用下田干活。两年之后，市场上买卖公平。三年之后，人们夜不闭户，路上掉了东西都没人捡走拿回自己家。四年后，农民收工不用把农具带回家。

这时候有了新的民歌：我有子弟，子产教他们。我有土地，子产使它增产。万一子产死了，谁来接替他呢？

老百姓都拥护子产的改革。

郑国在子产执政时期，不仅国内改革取得了成功，在外交上也很成功，几个大国也不敢再轻视郑国。

铸 zhù

公元前536年，子产做了一件大事：铸（zhù）刑（xíng）鼎（dǐng）。

“铸”就是把铁或者铜加热，变成铁水或者铜水，然后倒进模子（múzi）里，冷了后，就成了铁器或铜器。

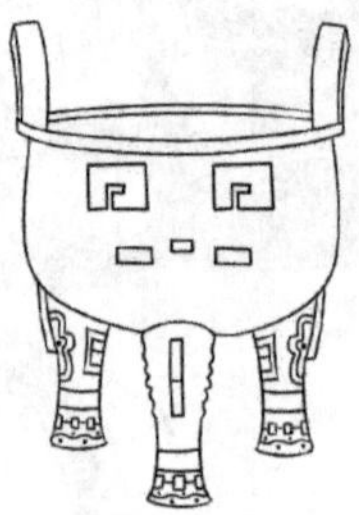
鼎 dǐng

鼎本来是用来煮（zhǔ）肉的。后来也用作礼器，上面常常刻有文字。

“刑”是指刑法、法律（lǜ），说明对做了坏事、犯了罪的人应该怎么惩罚。

子产把法律铸在鼎上，让大家看。

这是以前从来没有人做过的事。

以前一直是“刑不上大夫，礼不下庶人”，就是对当官的和贵族们用礼仪来管，不用刑法，对老百姓才用刑法。

实际上当时并没有写出来的刑法。老百姓犯了罪，当官的说怎么办就怎么办。

子产是历史上第一个把刑法写出来，让大家都知道的人。

由于刑书里有对贵族不利的内容，因此贵族们非常反对。

他们认为让老百姓知道了法律以后，老百姓就会对当官的人不尊敬。以后人人都会用法律来为自己说话，这样一来，国家就没有办法治理了，郑国离亡国就不远了。

子产认为铸刑鼎没有什么不对。把法律告诉老百姓，老百姓就知道了什么事情能做，什么事情不能做，有利于他们自觉地守法，也有利于社会安定。

子产当然是对的，铸刑鼎是社会的进步。

庶人　shùrén　老百姓。

郑国的老百姓后来非常爱戴子产。

公元前522年，子产死了，那一年他62岁。他治理郑国26年，使郑国人民在乱世中得到了难得的安宁。

老百姓伤心极了，痛哭着说："子产离开我们了，老百姓将来靠谁呢？"

后世的人们对子产的评价很高。

子产死后，郑国发生了多次内乱，国力越来越弱。

公元前375年，韩国军队进攻郑国，郑国灭亡了。

评价 píngjià 对一个人或一件事的看法。

生词表

A		
安慰	ānwèi	16
B		
绑架	bǎngjià	69
背叛	bèipàn	22
伯爵	bójué	2
不卑不亢	bùbēi- -búkàng	75
C		
惭愧	cánkuì	79
惨	cǎn	66
惩罚	chéngfá	37
D		
打招呼	dǎ zhāohu	6
倒霉	dǎo méi	41
道歉	dào qiàn	34
得罪	dézuì	30
地震	dìzhèn	2
东迁	dōng qiān	2
毒	dú	54
F		
发誓	fāshì	23
腐败	fǔbài	74
G		
改革	gǎigé	90
告辞	gàocí	34
贡品	gòngpǐn	75
灌	guàn	59
灌溉	guàngài	90
归顺	guīshùn	8
J		
监视	jiānshì	18
紧张	jǐnzhāng	59
敬佩	jìngpèi	92
K		
坑	kēng	25
L		
姥爷	lǎoye	52

附录：第三级1200字表

A

阿 啊 挨 矮 爱 安 岸 按 暗 傲

B

八 吧 拔 把 爸 白 百 摆 败 拜 班 般 搬

板 办 半 帮 傍 包 饱 宝 保 报 抱 杯 北

备 背 倍 被 本 笨 逼 鼻 比 笔 必 闭 避

边 编 变 便 遍 表 别 冰 兵 饼 并 病 脖

补 不 布 步 部

C

擦 猜 才 材 采 彩 踩 菜 参 餐 藏 草 厕

层 差 插 茶 查 拆 柴 产 长 尝 常 场 唱

抄 超 朝 吵 车 尘 沉 晨 称 趁 成 诚 承

城 乘 程 吃 池 迟 持 尺 齿 冲 虫 愁 丑

臭 出 初 除 处 楚 穿 传 船 窗 床 吹 春

词 此 次 刺 聪 从 粗 催 村 错

D

打 达 答 大 呆 待 代 带 袋 戴 单 担 胆

但 淡 弹 蛋 当 挡 刀 导 岛 倒 到 道 得
德 地 的 底 灯 等 低 敌 弟 递 第 点 店
钓 调 掉 跌 顶 订 定 丢 东 冬 懂 动 冻
洞 都 斗 抖 读 独 肚 堵 度 渡 端 短 段
断 堆 队 对 蹲 顿 多 夺 朵 躲

E

鹅 恶 饿 儿 而 耳 二

F

发 法 翻 烦 反 犯 饭 方 防 房 访 放 飞
非 费 分 纷 粉 份 奋 愤 风 封 夫 扶 服
福 府 父 付 负 妇 附 复 副 富

G

该 改 盖 概 干 赶 敢 感 刚 钢 高 搞 告
哥 割 歌 隔 个 各 给 根 跟 更 工 弓 公
功 攻 供 宫 共 沟 狗 购 够 估 姑 古 骨
鼓 故 顾 刮 挂 怪 关 观 官 管 惯 光 广
规 鬼 贵 跪 滚 过 国 果

H

还 孩 海 害 寒 喊 汉 汗 号 好 喝 合 何
和 河 盒 吓 贺 黑 很 恨 红 后 候 乎 呼

忽 胡 湖 糊 虎 互 户 护 花 化 划 画 话
坏 欢 换 荒 慌 黄 灰 挥 恢 回 悔 会 昏
婚 混 活 火 伙 或 货 获

J

击 圾 机 鸡 积 激 及 级 极 即 急 集 几
己 挤 计 记 纪 技 系 际 季 迹 济 既 继
寄 绩 加 家 假 价 驾 架 嫁 稼 尖 坚 间
肩 捡 检 减 剪 简 见 件 建 健 渐 箭 江
将 讲 奖 降 交 郊 骄 教 角 脚 叫 较 接
街 节 结 姐 解 介 界 借 斤 今 金 仅 紧
尽 进 近 劲 禁 京 经 惊 睛 精 景 净 竟
敬 静 境 镜 九 久 酒 旧 救 就 居 举 句
拒 具 据 卷 决 觉 绝 军

K

卡 开 砍 看 康 扛 抗 考 烤 靠 科 棵 颗
可 渴 克 刻 客 课 肯 空 恐 口 哭 苦 块
快 筷 宽 况 捆 困 扩

L

垃 拉 啦 落 来 拦 蓝 篮 懒 烂 郎 狼 劳
老 乐 了 累 泪 类 冷 离 礼 里 理 力 历

厉 立 丽 利 励 例 俩 连 怜 联 脸 练 良
凉 量 粮 两 亮 谅 辆 聊 料 邻 林 临 零
龄 令 领 另 留 流 六 楼 路 旅 绿 乱 论
轮

M

妈 吗 麻 马 骂 么 埋 买 卖 满 慢 忙 毛
冒 帽 貌 没 每 美 妹 门 们 梦 迷 米 秘
密 面 灭 民 名 明 命 摸 母 木 目

N

拿 哪 那 奶 男 南 难 脑 闹 呢 内 能 泥
你 年 念 娘 鸟 您 牛 农 弄 努 怒 女 暖

P

爬 怕 拍 排 派 乓 旁 胖 跑 陪 盆 朋 碰
批 皮 疲 脾 匹 片 偏 篇 骗 漂 飘 票 拼
品 乒 平 瓶 坡 婆 破 扑 普

Q

七 妻 戚 期 欺 齐 其 奇 骑 旗 起 气 弃
汽 器 千 牵 前 钱 浅 欠 枪 强 墙 抢 悄
敲 桥 切 且 侵 亲 青 轻 清 情 晴 请 庆
穷 秋 求 球 区 取 去 全 劝 缺 却 确 群

R

然 嚷 让 扰 绕 热 人 忍 认 任 扔 仍 日
容 肉 如 入 软 弱

S

撒 赛 三 伞 散 扫 嫂 色 杀 沙 傻 晒 山
闪 善 伤 商 上 烧 稍 少 绍 蛇 舍 设 社
射 伸 身 深 神 升 生 声 绳 省 胜 剩 失
师 湿 十 什 石 时 识 实 拾 食 史 使 始
士 示 世 市 式 势 事 试 视 是 适 室 收
手 守 首 受 瘦 书 叔 舒 输 熟 数 术 束
树 摔 双 谁 水 说 睡 顺 私 思 撕 死 四
送 诉 速 酸 算 虽 随 岁 碎 损 所 锁

T

他 它 她 台 抬 太 态 谈 汤 堂 糖 躺 趟
逃 讨 套 特 疼 梯 踢 提 题 体 替 天 田
甜 挑 条 跳 贴 铁 厅 听 庭 停 挺 通 同
铜 童 统 桶 痛 偷 头 透 突 图 途 涂 土
团 推 腿 退 拖 脱

W

挖 外 弯 完 玩 晚 碗 万 王 往 忘 望 危

为 围 伟 卫 未 位 味 胃 喂 温 文 闻 问
我 握 屋 无 五 午 伍 武 舞 务 物 误 雾

X

西 吸 希 息 悉 惜 习 洗 喜 细 下 夏 先
鲜 闲 显 险 县 现 线 献 乡 相 香 箱 响
想 向 像 消 小 校 笑 些 鞋 写 血 谢 心
辛 新 信 兴 星 行 形 醒 幸 性 姓 兄 胸
休 修 秀 袖 须 需 许 续 选 学 雪

Y

压 呀 牙 烟 严 言 颜 眼 演 宴 验 扬 羊
阳 养 样 腰 摇 咬 药 要 爷 也 野 业 叶
页 夜 一 衣 医 宜 移 疑 已 以 椅 义 异
易 意 因 阴 音 姻 银 引 应 英 迎 营 赢
影 硬 永 勇 用 优 由 油 游 友 有 又 右
于 鱼 雨 语 玉 预 遇 元 园 员 原 圆 援
远 怨 院 愿 约 月 越 晕 云 运

Z

杂 砸 灾 再 在 暂 赞 脏 糟 早 澡 造 责
怎 曾 增 摘 展 占 战 站 掌 丈 着 找 照
者 这 真 阵 争 征 睁 整 正 证 之 支 只

知 织 直 职 止 纸 指 志 治 中 终 种 众

重 周 猪 主 助 住 注 祝 抓 专 转 装 撞

追 准 捉 桌 子 自 字 总 走 租 足 族 组

祖 嘴 最 醉 尊 作 昨 左 坐 座 做